LOS OSOS HIBERNAN SOÑANDO QUE SON LAGARTIJAS

A LA ORILLA DEL VIENTO

Primera edición,   2015
Primera reimpresión,   2017

[Primera edición en libro electrónico, 2015]

Quezadas García, Juan Carlos
    Los osos hibernan soñando que son lagartijas / Juan Carlos
Quezadas García ; ilus. de Richard Zela Vázquez. — México
: FCE, INBA, 2015
    96 p. : ilus. ; 19 × 15 cm — (Colec. A la Orilla del Viento)
    ISBN: 978-607-16-3267-8 (FCE)
    ISBN: 978-607-605-353-9 (INBA)

    1. Literatura infantil I. Zela Vázquez, Richard, il. II. Ser.
III. t.

LC PZ7   Dewey 808.068 Q462o

Distribución mundial

© 2015, Juan Carlos Quezadas, texto
El autor es miembro del Sistema Nacional de Creadores de Arte

© 2015, Richard Zela Vázquez, ilustraciones

D. R. © 2015, Fondo de Cultura Económica
Carretera Picacho Ajusco, 227; 14738 Ciudad de México
www.fondodeculturaeconomica.com
Comentarios: librosparaninos@fondodeculturaeconomica.com
Tel.: (55)5449-1871

Colección dirigida por Socorro Venegas
Edición: Angélica Antonio Monroy
Diseño: Miguel Venegas Geffroy

ISBN 978-607-16-3267-8 (FCE-rústico)
ISBN 978-607-605-353-9 (INBA-rústico)
ISBN 978-607-16-3371-2 (electrónico-epub)
ISBN 978-607-16-3384-2 (electrónico-mobi)

Impreso en México • *Printed in Mexico*

LOS OSOS HIBERNAN SOÑANDO QUE SON LAGARTIJAS

JUAN CARLOS QUEZADAS

ilustrado por

RICHARD ZELA

FONDO
DE CULTURA
ECONÓMICA

—Salimos mañana antes del amanecer. Tenemos dos días para estar allí —le dijo su padre a Eric el jueves por la noche al entrar a la casa. Regresaba del pueblo y no traía buenas noticias—. Debemos llegar, a más tardar, el sábado por la tarde.

—¿Llegar a dónde? ¿Por qué la prisa?

—A ver a tu abuelo, está muriendo.

—No sabía que tenía un abuelo.

—Pues lo tienes, y me acaba de decir que puede esperarnos hasta entonces. Piensa morir el sábado por la noche. Siempre ha odiado los domingos.

—¿Él puede elegir la hora de su muerte?

—Creo que sí. Me dijo que pensaba morirse hoy, pero como le expliqué que quería llevarte a verlo ha decidido esperar.

—¿Por qué voy a conocerlo hasta ahora?

—Ya lo sabes.

—¿Qué es lo que sé?

—Que de muy pequeño me perdí en un circo. Es por eso que hasta ahora pudimos reunirnos.

—Ah, sí, el cuento del circo —repitió Eric dejando escapar un suspiro de fastidio. Molesto por encontrarse de nuevo con esa historia con la que su padre terminaba todas las conversaciones sobre su pasado.

—Puedes llevar lo que traes puesto y una muda más.

—¿Por qué?

—Porque nos vamos en la moto.

—¿Por qué no nos vamos en avión o en autobús?

—Porque el avión es caro y el autobús muy lento. Además, debo reflexionar muchas cosas y la carretera siempre es buena para pensar.

—Yo pienso mejor cuando llevo gorra, si quieres te la presto.

—Gracias, pero creo que con la carretera tendré suficiente.

—¿Cuánto tiempo haremos?

—Según mis cálculos, unas veinte horas: diez mañana, de Cahuisori a la Sierra Madre, y diez el sábado, de la Sierra a la Ciudad de México. Si todo sale bien, estaremos llegando por la tarde con el abuelo.

—¿Puedo llevar mi cámara?

—Sí.

—¿Puedo llevar los binoculares?

—No. Además son míos y no te los presto.

—¿Mi iPod?

—Sí.

—¿Un libro?

—Eric, ¿quieres apurarte de una vez? La muerte no puede esperarnos.

—Sólo dime si puedo llevar un libro.

—Puedes llevar lo que quepa en tu mochila roja.

—…

—¿Qué quieres?

—¿Por qué siempre sales con la tontería del circo?

—…

—…

—Si quieres lleva los binoculares, te los presto —anunció Santiago tratando de borrar aquella pregunta que flotaba en el ambiente.

—Nunca me he creído ese cuento.

—Tienes razón —respondió Santiago—. No me perdí en el circo. Es más, nunca he ido al circo; me dan miedo los payasos.

—¿Qué pasó entonces?

—Ya habrá tiempo, Eric, tenemos dos mil kilómetros de camino para llenarlos de historias.

—No vas a tener problemas para pensar —le dijo Eric a su padre cuando la motocicleta aún no salía del camino de tierra que los conduciría hasta la carretera—. El casco te ayudará a envolver tus ideas y así podrás concentrarte mejor. Creo que así es como funciona mi gorra.

—…

—…

—No me convence tu teoría de la gorra —respondió Santiago después de pensarlo bien—. Quizá funcione para ideas que ya están maduras, atrapadas y dando vueltas en la cabeza, como cuando alguien está escribiendo una canción o intentando resolver un problema, pero hay veces que necesitas ideas nuevas, ideas que te refresquen la mente, y a lo mejor la gorra no las deja entrar.

—…

—La aparición de tu abuelo me ha revuelto la cabeza.

—¿Con ideas viejas o nuevas?

—De las dos. Todo esto me ha traído un montón de recuerdos y, al mismo tiempo, me ha hecho pensar mucho en el futuro.

—…

—…

—Podrías haberme dicho que eras un extraterrestre en lugar de inventar lo del circo. Sería más divertido tener un papá marciano.

—Tienes razón, era una mala historia. No era una idea fresca, fue lo primero que se me ocurrió cuando me preguntaste sobre mis padres. Seguro ese día llevaba gorra.

—¿Y qué pasó en realidad?

—Me criaron unos lobos en medio del bosque.

—Tienes razón, Santiago, creo que cubrirte la cabeza no te ayuda mucho a pensar.

—En la escuela se sorprenden de que te llame Santiago y no papá —dijo Eric, sin venir mucho a cuento.

Hacía más de dos horas que habían salido del pueblo. Sobre la carretera se dibujaban espejismos.

—A mí me gusta que me digas Santiago. A final de cuentas, así me llamo.

—Mis compañeros dicen que sólo Bart Simpson le habla a su papá por su nombre.

—Ya tienes otra cosa en común con Bart.

—¿Otra cosa? ¿En qué más me parezco?

—...

—Anda, dime en qué más me parezco a Bart Simpson.

—Los dos tienen los pelos parados.

—¡Tú también! —exclamó el pequeño tratando de hacer enojar a Santiago.

—Yo no niego que me parezco a Bart... es más: somos casi idénticos y, por lo tanto, como los hijos se parecen a los padres, tú también eres igualito a Bart —explicó sonriente el motociclista.

Su tranquilidad contrastaba con el ánimo de Eric, quien, poco a poco, iba perdiendo la paciencia.

—…

—…

—¿En qué más me parezco? —insistió el pequeño.

—¿No te enojas?

—No, dímelo.

—Los dos siempre tienen que estar haciendo algo.

—Ahora no estoy haciendo nada.

—Claro que sí: vas viajando en una motocicleta.

—Eso no cuenta.

—Y por si fuera poco vas haciendo muchas preguntas, y eso significa que viajas en dos direcciones distintas: hacia un sitio con el cuerpo y hacia otro con la mente. Eres hiperactivo como Bart.

—…

—No te gustan las matemáticas.

—…

—Además, tienes los ojos saltones y una vez fuiste amarillo.

—¿Amarillo? ¿Cuándo?

—Cuando te dio hepatitis, te pusiste muy amarillo; por eso me di cuenta de que estabas enfermo.

—¿Amarillo como los Simpson?

—Amarillo verdoso, como una hoja que se está secando.

—A lo mejor sí me parezco a Bart —comenzó a reconocer Eric.

—Digamos que eres un Bart en una versión mejorada.

—…

—…

—¿Cómo te llevabas con tu papá?

—Bien.

—¿Le decías Lucas?

—No, le decía papá. Eran otros tiempos. La relación entre padres e hijos ha cambiado mucho. Además tu abuelo era muy serio.

—¿Cómo debo dirigirme a él cuando lo conozca: abuelo o Lucas?

—Como te nazca.

—Yo creo que le diré abuelo.

—Otra semejanza entre Bart y tú.

—Santiago, estoy aburrido. Voy a ponerme un rato los audífonos y no podré escucharte. Si quieres decirme algo, levanta el brazo derecho —anunció Eric cuando llegaron cerca de un monte que tenía forma de calavera.

—¿Así? —preguntó el motociclista al tiempo que realizaba el movimiento que su hijo le había pedido.

—Sí, así.

—¿Qué vas a escuchar?

—No sé. A lo mejor a Las Cabezas Parlantes.

—¿Qué es eso?

—Los Talking Heads, me gusta traducir los nombres de los grupos en inglés: Lágrimas por Temor, Los Pretendientes, Los Muchachos de la Tienda de Mascotas, Simplemente Rojo…

—Suenan horrible esos nombres.

—El Nuevo Orden, El Club de la Cultura, Una Parvada de Gaviotas…

—¿De dónde sacas tantos grupos?

—De los discos de mamá. A veces los escucho.

—¿De verdad te gustan?

—Sí, mucho.

—¡Qué horror! Tengo un hijo de 68 años.

—No exageres, mamá iba a cumplir 42 y le gustaba esa música. Esos discos me traen buenos recuerdos.

—Punto a favor de los Talking Heads.

—Te dejo, Santiago, me voy con mi música a otra parte... Cinco, cuatro, tres, dos, uno... ¡Ya no te oigo!

La motocicleta recorría una carretera solitaria del norte de México. Vista desde muy lejos podría parecer una hormiga perdida en una trampa de arena. Una hormiga que, sin embargo, disfrutaba su extravío porque se dirigía rumbo a la nada con la alegre seguridad de quien no conoce el camino ni le importa.

—Eric, ¿me escuchas? —preguntó Santiago, después de un buen rato, alzando mucho la voz.

—...

—Cuando tenía tu edad yo también hice un viaje con mi padre. No íbamos en moto, supongo que él nunca se subió a una, viajamos en un tren nocturno... Eric, seguro que no me escuchas, ¿verdad? —repitió el hombre en un tono aún más fuerte.

—...

—No me oyes, ¿verdad? —preguntó de nuevo, esta vez casi gritando.

—...

—Es que es muy importante lo que no me atrevo a decirte.

—…

—Aunque en ese tren había camarotes, nosotros viajamos en asientos de segunda clase; los dos íbamos de traje y como hacía frío dormimos con los sacos puestos. Imagínate. Por la mañana nuestros trajes amanecieron arrugadísimos. Yo pensé que aquello no tendría solución, pero quién sabe cómo mi padre consiguió una plancha y logró dejar los trajes sin una sola arruga. A ti te parecerá una tontería, pero la imagen de mi padre, con plancha en mano, arriba de un tren, es uno de mis más grandes recuerdos de la niñez… Pero de eso no te quería hablar… o tal vez sí… a veces a las palabras les gusta disfrazarse… el caso es que por la mañana llegamos a un pueblo que tenía una iglesia en donde se veneraba a una Virgen muy milagrosa. Todo giraba alrededor del templo. Yo no sabía muy bien qué habíamos ido a hacer allí, nunca fuimos muy religiosos. De pronto, mi padre se acercó a un puesto donde vendían unas figuras doradas, del tamaño de una medallita. Después supe que son de latón y que se llaman milagros. La mayoría representaba partes del cuerpo: el corazón, los pies, la cabeza, pero también había botellas, cofres o muletas. Sin pensárselo mucho, mi padre compró una diminuta pistola, y entonces entramos a la iglesia. Tardamos una eternidad en llegar cerca del altar. No era propiamente una misa, más bien parecía que cada quien se relacionaba de manera individual con Dios o con la Virgen. Yo nunca he entendido de religión. Avanzábamos lentamente y después de un rato llegamos hasta un retablo cercano al altar, donde los devotos colgaban los milagritos. Algunos llevaban una pequeña nota en la que agradecían los favores recibidos: "Gracias a la Virgen por salvarme la pierna" o "Gracias por alejarme del vino", cosas así. Con un seguro mi padre enganchó la pistolita en el retablo, se persignó mal, me tomó de la mano y violentamente se dirigió hacia la salida de la iglesia. Con rapidez. Casi con dolor. Como si no pudiéramos permanecer mucho más tiempo en aquel lugar.

Como si el aire que se respiraba en el templo nos estuviera as-
fixiando. Desayunamos cualquier cosa y, antes del mediodía,
abordamos, aunque en dirección contraria, el mismo tren. Nos
tocaron los mismos lugares, pero ninguno pudo dormir. Cada
quien iba pensando en sus cosas. En algún momento mi padre
se quitó la corbata, una corbata verde con dibujos amarillos, y
me la dio. "Es mi preferida, quiero que a partir de hoy sea tuya.
Tú no lo sabes, pero hoy ha sido un día muy importante para
los dos", me dijo con la boca chueca por culpa del cigarro que
sostenía entre los labios. En esos tiempos aún se podía fumar en
cualquier parte. Llegamos a la estación del tren cerca de la me-
dianoche, el viaje había durado exactamente 24 horas. Nunca
más volví a usar un traje, ni regresé a una iglesia, ni me subí a
un tren.

—...

—Tengo hambre —se quejó Eric después de un buen rato.

—¿Ya te cansaron los Talking Heads? —preguntó Santiago queriendo confirmar que su hijo no había escuchado la historia del viaje en tren.

—No venía oyendo a las Cabezas Parlantes.

—¡¿Entonces?! —preguntó el motociclista, alarmado al creer que el pequeño había escuchado su confesión.

—Puse al Club de la Cultura, su ritmo va mejor con la carretera.

—Hay un buen restaurante aquí adelante. Falta como media hora —anunció Santiago, recobrando la tranquilidad.

—Tengo mucha hambre. Me comería una lagartija.

—Pues por aquí hay varias.

—Sí, ya vi. En cada roca hay una tomando el sol.

—¿Sabías que los osos hibernan soñando que son lagartijas?

—No te creo.

—De verdad. Los osos sueñan que son lagartijas por culpa de una proteína que obtienen de los salmones.

—Cuando como salmón no sueño que soy una lagartija.

—¿Estás seguro?

—Creo que sí.

—Yo cada vez que como salmón sueño que soy una lagartija naranja tomando el sol.

—No te creo.

—Haz la prueba: la próxima vez que comas salmón trata de recordar tu sueño.

—Ahora por tu culpa tengo el doble de hambre: la que ya traía y la del antojo a salmón. Me comería dos lagartijas.

—Entonces soñarías que eres dos osos hibernando.

—¿Se puede soñar que eres dos cosas a la vez?

—Yo creo que sí. En los sueños todo puede suceder.

—…

—…

—Santiago, ¿tú sueñas con mamá?

—No, nunca he soñado con ella.

—Ni yo… pero ahora se me ocurre que quizás haya un alimento que me haga soñar con ella.

—…

—Santiago…, ¿crees que en verdad exista un alimento que me haga soñar con mamá?

—…

—A lo mejor las fresas con crema… a lo mejor el pollo… a lo mejor los tacos al pastor que le gustaban tanto.

—No, Eric, no creo que exista nada que nos provoque soñar con tu madre, pero no importa, porque nosotros podemos recordarla cuando queramos.

—Pero una cosa son los recuerdos y otra los sueños. Podemos soñar que fuimos con mamá a París aunque en realidad jamás hayamos ido allí.

—Habría sido bonito ir a París, a tu madre le ilusionaba mucho —dijo el motociclista dejando escapar un suspiro que se perdió en el aire caliente del desierto.

—Te lo dije, Santiago: los sueños son más divertidos.

—…

—…

—Y qué me dices del día que pasamos en Balandra? —preguntó en seguida Santiago—. Aquel fue un día muy especial.

—¡Es mi día favorito! —exclamó Eric, emocionado.

—Es un recuerdo, no un sueño. Existió. Un punto a favor de la memoria. Sería horrible que aquella tarde junto al mar se hubiera desvanecido.

—...

—...

—¿Qué será mejor: un sueño o un recuerdo? —preguntó el pequeño después de un rato.

—Yo creo que no hay mejor ni peor. Podemos disfrutarlos por igual.

—Y sufrirlos también: una vez soñé que me elevaba como un globo y no podía bajar.

—Yo sueño con engrapadoras.

—¿Y qué tienen de horrible las engrapadoras?

—En mi sueño aparecen unas engrapadoras gigantes que se cierran solas, muy cerca de mí, como si fueran el hocico de un animal, mitad de plástico, mitad de metal. Yo voy caminando entre ellas con el miedo de quedar engrapado a una hoja de papel gigante. Es una pesadilla espantosa, yo creo que tiene que ver con el tiempo que pasé trabajando en una oficina.

—Ya me dio el triple de hambre.

—¿Y ahora por qué?

—Te vi con los ojos de una engrapadora, y te imaginé como un lechón con todo y su manzana en la boca.

—Voy a acelerar un poco, no vaya a ser que me muerdas la espalda.

—Señorita, ¿tienen salmón? —le preguntó Eric a la mesera, sin esperar a que la joven les entregara el menú.

—No, salmón no tenemos.

—¿Y lagartijas?

—¿...?

—Eric, no molestes. La señorita nos trajo la carta para que de allí elijamos lo que vamos a comer.

—Claro que tenemos lagartijas: hay rojas, verdes y amarillas —respondió sorpresivamente la mesera.

—¿Son lagartijas del desierto?

—Así es, recién atrapadas. Hace dos horas tomaban el sol sobre alguna piedra, y ahora las están preparando en la cocina. Servimos las lagartijas más frescas de ocho desiertos a la redonda.

—...

—Puedes pedir una orden de un mismo color o si quieres te las traigo surtidas —propuso la mesera.

—¿Pues cuántas trae la orden? —preguntó Eric con una mezcla de curiosidad y asco.

—Tres lagartijas.

—¡…!

—Pídelas, hijo. Una oportunidad así no puede ser desaprovechada. Seguro no te arrepentirás —le insistió Santiago mientras leía la carta; después de unos instantes se dirigió hacia la joven para hacer su pedido—: A mí tráigame la hamburguesa con queso, por favor.

—Muy bien. Una hamburguesa para el señor y unas lagartijas para el niño.

—Mmm… no sé… creo que yo también pediré la hamburguesa —susurró Eric con la voz algo quebrada.

—¿Estás seguro? Dijiste que tenías tanta hambre que hasta te comerías unas lagartijas.

—No quiero que se extingan —se justificó Eric.

—Por eso no te preocupes: aquí las lagartijas son una plaga. Hasta nos harías un favor —continuó la joven.

—Prefiero la hamburguesa.

—Muy bien, tú te lo pierdes. Pero luego no vayas a decir que no te avisé lo deliciosas que son las lagartijas en este restaurante —dijo la mesera mientras le guiñaba el ojo a Santiago—. En seguida les traigo su orden.

Padre e hijo quedaron frente a frente. Se encontraban sentados en uno de esos típicos gabinetes de los restaurantes de carretera.

Por la ventana, de vez en cuando, se veía pasar algún vehículo; del otro lado del camino un grupo de cactus meditaba acerca de la vida y la muerte; y más allá, el desierto.

El desierto y sus dieciocho tonos distintos de arena.

Y una montaña roja.

Y piedras encimadas.

Y animales invisibles.

Y el esqueleto de un Dodge de 1967.

El desierto.

—Es bonita, ¿verdad? —preguntó Eric.

—¿Quién?

—La mesera.

—Ah, sí —respondió Santiago fingiendo distracción.

—Me gustaría que tuvieras novia.

—¡Qué cosas se te ocurren!

—¿Qué tiene de malo?

—...

—En serio, Santiago, dime qué tendría de malo que tuvieras una novia.

—No tiene nada de malo, pero creo que aún no es el momento.

—¿Cuánto tiempo tiene que pasar?

—No es una cuestión de tiempo.

—¿Entonces?

—No quiero hablar de eso ahora.

—Pero yo sí.

—…

—Pues yo creo que la mesera es bonita y que sería una buena novia para ti —insistió Eric.

—…

—Además necesitamos a alguien que nos enseñe a preparar cosas ricas de comer. Los dos somos un completo desastre en la cocina.

—…

—Y alguien con quien ir al cine…

—…

—Y que te acompañe a los bailes…

—…

—Y que te ayude a escoger mejor la ropa. Siempre te pones unas combinaciones espantosas…

—Tú crees que yo debo tener una novia, pero yo no —respondió Santiago sin poder ocultar su enojo. Era claro que aquel tema le molestaba mucho. Conforme hablaba, el tono de sus palabras se iba elevando—. En todo caso es un problema mío, no tuyo. Agradezco tu preocupación, pero tengo que informarte que las novias y las esposas y los hijos y los perros no surgen de la nada: hay que esperar mucho para que lleguen… y eso si tienes suerte… A veces la espera no sirve de nada. ¿Por qué crees que hay tanto solitario por allí? ¿Imaginas que les gusta vivir sin nadie a su lado? ¿Crees que les encanta llegar a su casa por la noche para ser recibidos por sombras y silencio?

—…

—…

—…

—Perdóname, Eric. No quería hablarte así. Sucede que…

—¡Mira! —exclamó el pequeño señalando hacia el ventanal. Una lagartija acababa de atravesar la carretera.

Las miradas de ambos también cruzaron el camino. Se perdieron en dirección del pequeño reptil que buscaba un sitio para tenderse al sol. Los pensamientos de padre e hijo, sin embargo, se encontraban en otra parte: en el fondo de unos ojos negros que ninguno de los dos volvería a mirar jamás, o tal vez en el recuerdo de un viaje a París que nunca hicieron. ¿Quién podría saberlo?

—¿Puedo tomarle una foto? —preguntó Eric al salir del restaurante.

—¿A quién?

—Al coche oxidado.

—Ten cuidado al atravesar la carretera.

—Pero si pasa un coche cada cuarenta y cinco minutos…

El pequeño sacó la cámara del fondo de su mochila; antes de cruzar el camino miró a los lados, más por instinto que por necesidad, y entonces se acercó al auto abandonado y comenzó a tomar las fotografías. Desde todos los ángulos. Arriba y abajo. Por dentro y por fuera.

—Es un Dodge del 67 —dijo la mesera tomando por sorpresa a Santiago.

—¿?

—El coche que tu hijo está fotografiando es un Dodge del 67.

—¿Qué le pasó? ¿Por qué está allí?

—Nadie sabe. Es más antiguo que el pueblito. Primero llegó el coche y después la gasolinera, el restaurante y las casas.

—¿Cómo se llama el pueblo?

—Dodge del 67.

Santiago nada dijo, pero lanzó una sonrisa de incredulidad.

—De verdad —dijo la mesera—. Aquí se llama Dodge del 67. Sin contar a las lagartijas, vivimos treinta y cinco personas, dos perros y un caballo.

—Entonces eres una dodgeña de nacimiento.

—A mucha honra.

—Tengo que aceptar que me gusta Dodge del 67.

—Es un lugar muy especial, no todos los pueblos surgen del esqueleto de un auto abandonado.

—Cuando era escritor hubiera matado por una historia así.

—¿Fuiste escritor?

—Sí.

—¿Y ahora qué eres?

—Guardabosques.

—¿Por qué dejaste de escribir?

—¿Eres mesera o entrevistadora? —preguntó Santiago dejando escapar una pequeña sonrisa.

—Las meseras somos psicólogas, meteorólogas, enfermeras, nutriólogas… en fin, una mezcla de varios oficios.

—Dejé de escribir cuando murió mi mujer: escribía para ella. Al morir mi lectora, murió mi literatura.

La joven nada respondió, pero posó su mano sobre la espalda de Santiago y le dio tres pequeñas palmadas. Casi imperceptibles, aunque muy reconfortantes. Al otro lado de la carretera, Eric continuaba disparando su cámara contra el automóvil abandonado.

—¿Publicaste muchos libros? —preguntó la mesera después de un rato.

—Uno sólo.

—¿Cómo se llama?

—¿Seguimos con la entrevista?

—¿Cómo se llama tu libro?

—*Los osos hibernan soñando que son lagartijas.*

—¡Qué bonito título! Lo quiero.

—Demasiado tarde: no queda ningún ejemplar en circulación. Cuando salió el libro sólo se vendieron cinco; después fui a la editorial, compré los que tenían en la bodega y el día de mi cumpleaños les prendí fuego a todos. Sirvieron para asar bombones.

—No te lo creo.

—Todo lo que te he dicho es verdad.

—No es fácil creerle a un escritor.

—Ex escritor, por favor. Nunca más volveré a escribir nada.

—Sigo sin creerte: los escritores viven de fabricar mentiras de quinientas páginas. Me recuerdas la historia del prisionero que tiene ante sí dos puertas, con un guardián en cada una de ellas. Un guardián siempre dice la verdad y el otro siempre dice mentiras. El prisionero debe formular la pregunta correcta para poder escapar. Tú eres el guardián mentiroso.

—¿Y tú la centinela sincera?

—Puede ser.

—Ahora soy yo el que no te cree.

—La única verdad aquí es que buscaré un ejemplar de *Los osos hibernan soñando que son lagartijas*.

—Creo que tenemos que irnos —dijo Santiago cortando de golpe la conversación.

—Una cosa más.

—Sí...

—¿Todos los escritores combinan tan mal su ropa? Tu camiseta no va para nada con tu pantalón.

Cuando Eric regresó del otro lado de la carretera, la mesera ya había desaparecido.

—¿Te gusta?

—¿Quién? Sí… No… —respondió confundido Santiago.

—La foto, ésta es la que más me gusta —respondió el pequeño al tiempo que le entregaba la cámara a su padre para que viera la imagen del automóvil abandonado.

Unos doscientos metros más adelante encontraron una gasolinera. Santiago pensó que sería buena idea llenar allí el tanque de la motocicleta.

—Lleno, por favor —le pidió Santiago al hombre que atendía la bomba.

—Con gusto.

—Es bonito Dodge del 67 —dijo el motociclista queriendo parecer agradable.

—No le entiendo —respondió el hombre mientras giraba el tapón del tanque de gasolina.

Eric tampoco parecía comprender muy bien las palabras de su padre.

—Quiero decir que este pueblo me pareció muy bonito.

—¿Y qué tiene que ver un Dodge del 67 en todo esto? —preguntó el despachador.

—Así se llama aquí, ¿no?

—Aquí estamos en Santa Isabelita.

—Me dijeron que aquí se llama Dodge del 67.

—¿Quién?

—No importa —respondió Santiago dándose cuenta de que la supuesta centinela sincera le había ganado la partida.

—¿Lo dice por el auto abandonado frente al restaurante? Es un Impala del 64.

—Dicen los lakhotas que del desierto surgen todos los silencios del universo.

—¿Quiénes son los lakhotas?

—Una tribu que me acabo de inventar.

—Creo que tienen razón.

—Con el runrún de la moto y la panza llena me está entrando un sueño espantoso, yo creo que para no quedarme dormido voy a escuchar el iPod otra vez.

—¿Qué vas a oír?

—No sé, necesito algo escandaloso. Recomiéndame algo.

—Prueba con Twisted Sisters.

—¿Las Hermanas Retorcidas?

—Qué manía la tuya de traducir los nombres de los grupos.

—Me parece una buena recomendación. Ruido es lo que necesito —dijo Eric y comenzó con una nueva cuenta atrás—: cinco… cuatro… tres… dos… uno… ¡ya no te escucho nada!

—…

—…

—Eric, ¿me oyes?

—…

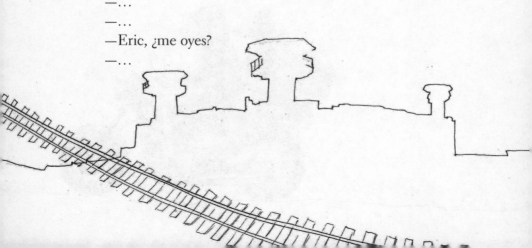

—¿De verdad no me escuchas?

—…

—Creo que me enamoré de la mesera de las lagartijas —dijo Santiago imaginando que si Eric lo estaba escuchando no se aguantaría las ganas de celebrar aquella información.

—…

—Cuando bajamos del tren un hombre nos esperaba en el andén —continuó con su confesión el motociclista una vez que estuvo seguro de que su hijo no lo escuchaba—. Vestía una gabardina gris y cargaba un portafolio. Recuerdo muy bien que no llevaba sombrero, pero muchas veces en mis sueños…, quiero decir en mis pesadillas, aquel hombre se me aparece con un sombrero. Un horrible sombrero color ratón. "Buenas noches, licenciado", dijo mi padre con frialdad. El hombre murmuró algo acerca del clima y luego lo seguimos hasta su auto. Nadie decía nada. Cuando iniciamos el recorrido me sorprendió que en lugar de ir a la casa nos dirigiéramos hacia un rumbo desconocido. Después de un buen rato, el auto se detuvo frente a una cárcel. Yo nunca había visto una, pero era claro que aquel horrible edificio no podía servir para otra cosa. "Ya lo están esperando", le anunció el licenciado a mi padre. Yo sentí que algo se partía en mi interior, como si mi corazón, mi cerebro y mi hígado fueran de cristal y aquellas palabras —"lo están esperando"— hubieran provocado que de golpe todos mis órganos se hicieran trizas. Los tres salimos del auto. Entonces mi padre se acercó a mí y me abrazó. Sin emoción. Como si tan sólo se despidiera porque estaba a punto de salir a un viaje de negocios de dos o tres días; como si la torre de vigilancia en una de las esquinas fuera en realidad la torre de control de un aeropuerto; como si la vida fuera hermosa y llena de buenas noticias… pero no, mi padre no saldría de viaje. Todo lo contrario: estaba por internarse dentro de la antípoda del viaje. Iba a entrar en una cárcel de la que no saldría jamás. "Cuida la corbata y no vengas nunca a verme, tú no mereces entrar aquí", me dijo. "¡Cuida la corbata y no vengas nunca a verme!", ¿puedes creerlo, Eric? Esas fueron sus únicas —y últimas— palabras. Luego mi padre se encaminó a las puertas de la cárcel y yo me quedé allí, junto a un hombre que no conocía de nada. "Tu padre es un hombre justo", dijo el licenciado y después me pidió que entrara al coche. En el camino lloré un poco, aunque nada del otro mundo, dos o tres sollozos tímidos y unas cuantas lagrimillas que, sin embargo, recuerdo muy bien porque fueron las últimas que he derramado: desde aquel día, ocho de noviembre de 1980, no he vuelto a llorar jamás.

—…

—¿Falta mucho para que lleguemos al hotel? —preguntó Eric después de un muy largo rato.

—El hotel ha venido desde el principio con nosotros —respondió Santiago, al tiempo que soltaba el manubrio de la motocicleta y daba tres leves palmadas a la mochila que llevaba en la espalda.

—¿Eh?

—Vamos a dormir en la tienda de campaña.

—¡Qué bien!

—Pasando Jerez hay unos bosques muy bonitos. Cuando encontremos un lugar que nos guste nos detendremos allí para pasar la noche.

—¿Podremos hacer una fogata?

—Pues claro, a menos que quieras comerte crudas las lagartijas que compré para la cena.

—¡¿Otra vez las lagartijas?! —exclamó Eric con repugnancia.

—Pensé que te gustaría probarlas.

—Estoy pensando en volverme vegetariano.

Una vez que pasaron Jerez, el desierto comenzó a desvanecerse. Casi de manera mágica los cactus, las rocas y los matorrales secos que bordeaban el camino se fueron transformando en zonas cada vez más verdes.

La carretera, siempre en continua elevación, empezó a serpentear entre grupos de árboles hasta que al cabo de un rato Santiago y Eric se encontraron en medio de un frondoso bosque de pinos.

—Cuando encuentres un lugar que te guste para acampar me avisas, ya se va a poner el sol y no quiero manejar en la oscuridad.

—Parece un bosque encantado. Si fuera duende me gustaría vivir en un lugar así.

—Una vez me encontré con un duende.

—¿En un bosque?

—No, en un parque. Era un duende de pasta que estaba en la base de un árbol. Fue muy extraño, porque mucha gente pasó por allí y no lo vio. Parecía que estaba esperándome especialmente a mí.

—A lo mejor se hizo invisible hasta que tú pasaras —sugirió Eric.

—Puede ser.

—Los duendes son los que escogen a sus amos.

—El caso es que al levantarlo sentí una gran necesidad de sacarlo de aquel parque y llevarlo al bosque. De algún modo,

Dagda, así se llamaba el duende, me estaba pidiendo que lo pusiera en libertad.

—¿Y qué hiciste?

—Pues eso, sabía que no había que perder tiempo, así que pasé a la casa por la bicicleta, me interné en el bosque y deposité al duende en la orilla de un manantial…

—…

—Y bueno… también le pedí un deseo.

—¿Qué le pediste?

—No puedo decírtelo, eso ha quedado entre Dagda y yo.

—Ándale, Santiago, cuéntame qué es lo que le pediste al duende.

—No puedo. La cuarta ley universal de los deseos me lo impide.

—¿Le pediste dinero?

—No.

—¿Salud?

—No.

—¿Vivir mil años?

—No.

—¿Una pista de hielo?

—¡No! ¿Para qué iba a querer yo una pista de hielo? ¿Dónde la iba a meter?

—Podías haberle pedido una casa gigantesca con pista de hielo incluida.

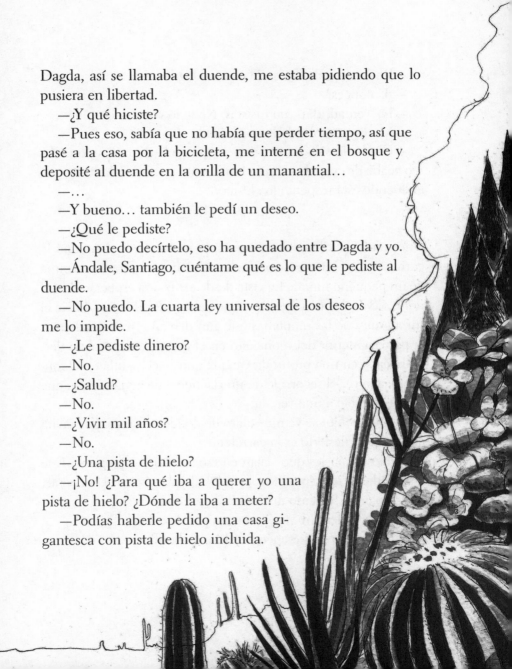

—Pues no, nada de eso le pedí a Dagda.

—¿Entonces?

—De verdad, Bart, no insistas. No te lo voy a decir.

—Me voy a morir de la curiosidad.

—Un día lo sabrás. Te prometo que te lo diré cuando el deseo acabe de cumplirse. Por el momento puedo adelantarte que el duende está respetando el trato.

—…

Unos cuantos kilómetros después, la motocicleta abandonó la carretera para internarse por un camino que conducía a la cima de un pequeño monte. La vista desde arriba era espectacular: al norte se veía la zona desértica que habían dejado atrás, hacia el sur algunas de las montañas que aún debían cruzar y, además, la parte posterior del montecito en el que se encontraban desembocaba en una profunda cañada que a veces, allá en el fondo, dejaba ver el recorrido de un riachuelo de aguas verdes que corría paralelo a una vereda.

—Desde aquí se ve muy claro de dónde venimos. Esa rayita que parte el desierto es la carretera.

—¿Nos verán los que viajan en ese autobús? —preguntó Eric señalando hacia un puntito rojo que se desplazaba en el horizonte.

—No creo. Si acaso distinguirán la loma.

—Tal vez piensen que somos un par de cabras.

Santiago respondió encogiéndose de hombros.

—Se ve muy clarito de dónde venimos, pero no hacia dónde vamos, ¿qué habrá detrás de esas montañas?

—Otras montañas y después otras montañas, y cuando nos cansemos de recorrer montañas, cuando nos desesperemos creyendo que nos perdimos para siempre en un rebaño interminable de montañas, llegaremos a lo alto de una pendiente parecida a ésa —dijo Santiago señalando hacia la bajada que desembocaba en el desierto—. Entonces la motocicleta dejará de bufar, y a lo lejos distinguiremos otra raya partiendo en dos un valle, y sobre ella otro autobús rojo, y cochecitos que vienen y van, y a lo lejos veremos una ciudad, y detrás de la ciudad otras montañas, y sobre una pequeña loma habrá dos puntos que confundiremos con un par de cabras…

—… pero sabremos que no son cabras y los saludaremos desde lejos —dijo Eric agitando su mano en dirección a la carretera que allá abajo atravesaba el desierto.

Se dividieron las tareas: Eric se dedicó a levantar la tienda de campaña, mientras que Santiago fue a buscar leña para encender una fogata. El sol no tardaría en meterse y había que aprovechar los últimos minutos de luz.

Al cabo de un rato, el pequeño campamento estaba listo.

—¿Quieres cenar?

—No tengo hambre —respondió el pequeño recordando el menú que le había prometido su padre.

—Tú te lo pierdes —dijo Santiago mientras sacaba de su mochila un envoltorio de cecina.

—¿Y eso de dónde salió?

—¿No te dije?

—No —respondió el pequeño con voz temblorosa.

—Creo que olvidé las lagartijas en el restaurante, pero por suerte, en el último momento, antes de salir de casa metí esta carne seca en la mochila. La usan mucho los vaqueros en sus travesías por el desierto.

A Eric se le hizo agua la boca al ver aquel manjar extendido sobre la sartén, pero ya era demasiado tarde: apenas unos segundos atrás, tratando de evitar las lagartijas, había dicho que estaba inapetente.

—Un poquito de limón… una rodaja de cebolla… esto huele delicioso… no hay nada como una buena cena en medio de la naturaleza… —murmuraba Santiago mientras preparaba la cecina.

—Huele bien.

—Y seguramente sabrá mejor, lástima que no tengas nada de hambre.

—La probaré nomás para acompañarte.

—Por mí no te preocupes. No hay nada peor que comer sin hambre.

—Puedo hacer un sacrificio.

—¿De verdad? —preguntó irónico el cocinero.

—Creo que sí —respondió Eric con una mueca alegre que no dejaba dudas de que aceptaba que su padre lo había vencido con la broma de las lagartijas.

—...

—...

—Eres un gran hijo, así que es toda tuya —dijo Santiago sin poder contener una gran sonrisa mientras señalaba la suculenta carne que se asaba sobre el fuego.

—¿Así, con las manos?

—Con las manos, a lo salvaje, como si fuéramos vaqueros de las praderas de Dakota del Norte. Como si viviéramos en un mundo en el que no existieran ni el cuchillo ni el tenedor.

—Sería un mundo muy divertido.

—Ya lo creo que sí.

Después de la cena se recostaron sobre la hierba. No había nubes ni luna: el cielo era como un mantel oscuro sobre el que hubieran vaciado un salero. Eran tantas las estrellas que en algunas partes daba la impresión de que lo iluminado era el fondo y el color negro una excepción de la noche. Además cada doce minutos, Eric los había contado, un avión cruzaba el cielo rumbo al desierto.

—Debe ser una ruta de mucho tráfico aéreo.

—Por Cahuisori casi nunca pasan aviones.

—Los domingos pasa la avioneta del correo.

—Pero pasa al mediodía, así no tiene gracia —se lamentó Eric.

—Yo también prefiero verlos de noche. Me gusta el estallido de los foquitos: un rojo y dos blancos, un rojo y dos blancos…

—…

—Me gusta mirar los aviones, pero desde hace años tengo un sueño que se repite de vez en cuando… Sueño que estoy en un lugar muy alto, entonces, aparece un avión de pasajeros zigzagueando en el cielo. El piloto hace maniobras para estabilizar el aparato y cuando está a punto de lograrlo, el avión choca contra un edificio, o unos árboles, y acaba estrellándose.

—Qué feo.

—Lo más curioso de la pesadilla es que se repite tanto que una parte de mí se da cuenta de que estoy soñando, pero otra trata de convencerme de que ahora sí estoy presenciando una catástrofe.

—¿Como si quisieras engañarte a ti mismo?

—Exacto.

—Qué raro.

—...

—...

—En el fondo no es tan extraño —respondió Santiago después de pensarlo un tiempo—, los adultos somos expertos en el arte de contarnos mentiras a nosotros mismos.

—...

—...

—Yo sólo he soñado una vez la misma cosa —anunció el pequeño.

—¿Y qué soñaste?

—Soñé que me encontraba en la calle un billete de un millón de dólares y que me iba a una tienda a comprar una pista de hielo.

—...

—¿Santiago?

—¿Qué?

—Si los sueños feos se llaman pesadillas, ¿cómo se llaman los sueños bonitos?

—Creo que no existe una palabra para nombrarlos.

—Pues habría que inventarla.

También en Cahuisori, donde vivían Eric y Santiago, las noches eran muy hermosas. Muchas veces salían de su casa a tumbarse panza arriba para contemplar las estrellas. Uno de sus pasatiempos favoritos era inventar nuevas constelaciones. Unían estrellas huérfanas, unas con otras, para improvisar dibujos en el cielo. En un cuaderno habían trazado un mapa estelar y en él marcaban sus nuevas creaciones. Las constelaciones más logradas eran el Perro Bravo, el Trapecista y el Leñador, aunque tenían muchas otras que estaban inconclusas: un elefante con la trompa muy pequeña, un esqueleto sin brazo izquierdo y un zorro chato.

En las noches de Eric y Santiago no había sitio para Osas Mayores ni Cinturones de Orión; su cielo era, más bien, como el taller de un artesano en el que reinaba el caos. Por encima de sus cabezas flotaban en desorden toda clase de objetos abandonados: una plancha, una flecha, unos anteojos sin dueño. Un día tomaban lo que hasta ayer había sido la rueda de un monociclo, la unían con cuatro o cinco estrellas desamparadas y comenzaban a darle forma a un carrusel.

—¿Ves alguna constelación
nueva? —preguntó Santiago.

—Estoy armando un barco, pero me falta la vela.

—¿En dónde?

—Allí, entre Almaak y Capella.

—…

—¿Dónde? No veo nada.

—Allí, Almaak es la proa.

—…

—…

—¡Ah, ya lo vi! ¡Parece que hay una ballena debajo del barco!

—Yo le vi cara de delfín.

—Está muy gordo para ser delfín, yo le sigo viendo cara de
ballena…, pero el barco está súper claro.

—Hasta tiene ventanas y palo mayor.

—Y va dejando una estela.

—¿De dónde vendrá?

—De un mar desértico —propuso Santiago.

—O de un muelle de fuego.

—O de una isla en Andrómeda.

—O del centro del Sol en misión de reconocimiento.

—A lo mejor el barco transporta sueños y los va repartiendo entre todos los durmientes del universo.

—Quién sabe…

Santiago y Eric permanecieron un rato con la mirada puesta en el cielo, buscando nuevos trazos, dibujando con ayuda de las estrellas, imaginando posibles puertos de origen para aquel barco que cruzaba la noche.

—Yo estaba tratando de encontrar una motocicleta —confesó Santiago después de un rato—. Estaría padre armar una constelación con nosotros, se podría llamar Eric y Santiago Paseando en Moto.

—…

—¿Ya te dormiste?

—…

—No te culpo, ha sido un día muy cansado…

—…

—Pero bonito a final de cuentas… y lleno de confesiones…

—…

—Y ya que estamos en eso, ¿sabes qué le pedí a Dagda?

—…

—¿Cómo vas a saberlo, verdad?

—…

—Si te lo digo no creo contravenir la cuarta ley universal de los deseos, a fin de cuentas tú estás más dormido que despierto y mañana creerás que todo lo que escuchaste fue un sueño… un sueño bonito de esos que no tienen nombre.

—…

—Tenías unos cuantos meses cuando apareció el duende. Por esos días me encontraba abrumado por el cariño que sentía por ti. Antes de que nacieras no imaginaba que se pudiera sentir tanto amor por un hijo. Hasta miedo me daba. El deseo que pedí fue muy sencillo… y al mismo tiempo muy complicado…, así son las cosas del cariño: tienen un doble filo… Lo que le pedí a Dagda es que el destino nos mantuviera siempre juntos… no pienses que soy un loco posesivo, sé que un día te irás a formar una familia, o a viajar por el mundo, o a estudiar las costumbres de los pingüinos en el Polo Sur, y todo eso está muy bien… Lo único que quiero es que allá donde vayas me lleves contigo en el recuerdo…

—…

—No soportaría que acabáramos alejados, sin noticias del otro. Como un par de parientes lejanos que sólo se ven en las bodas y… en los funerales… —y hasta allí llegó la confesión de Santiago.

Después, su mirada se perdió con un avión que volaba a la distancia. Una luz roja y dos destellos blancos, una luz roja y dos destellos blancos. Como siempre.

***

—No te preocupes, Santiago. Cuando me vaya a la Antártida me llevaré el cuaderno de mapas para dibujarte en él las constelaciones que se me ocurran en los cielos del sur, tal vez con las estrellas que aparezcan allí se pueda formar la motocicleta que estabas buscando —respondió Eric cuatro aviones después.

—¿No te habías dormido?

—No, le estaba buscando forma al barco, creo que es un barco de vapor. Míralo bien.

—...

—...

—¡Ah, sí! La llanta del monociclo puede servir para formar el círculo en donde van las aspas.

—...

—...

—¿Sabes una cosa, Santiago?

—¿Qué?

—Cuando me vaya a la Antártida te llevaré conmigo, y también una súper chamarra de pluma de ganso. Si aquí tengo frío, no me imagino cómo serán las temperaturas en el Polo Sur.

—Vamos a meternos a la tienda, hijo. Tienes razón, está haciendo mucho frío.

Eric y Santiago habían permanecido recostados mirando el cielo en dirección norte, por lo que no podían ver lo que sucedía en la parte baja de la loma: decenas de antorchas resplandecían en la cañada. Parecían estrellas enloquecidas que habían renunciado a iluminar las alturas y preferían vagar entre la arena. Venían de muy lejos, serpenteaban por la vereda y se perdían río arriba. Quienes fueran los portadores de aquellos fuegos recorrían su camino en el más hondo silencio.

Ni una voz, ni un grito, ni una plegaria.

—¿Y esos quiénes serán? —preguntó Eric en un susurro, un poco contagiado por el silencio de los misteriosos caminantes, y un poco porque no quería llamar su atención.

—Supongo que serán huicholes en peregrinación.

—¿Cómo lo sabes?

—Estamos en noviembre y los huicholes caminan hasta Wirikuta por estas fechas… Son huicholes o son guerreros del planeta Orco que aterrizaron en el desierto y vienen a conquistar la Tierra.

—Espero que sean huicholes.

En lugar de entrar en la tienda de campaña, padre e hijo se quedaron a contemplar el paso de los caminantes.

—También allá abajo se podrían formar constelaciones —dijo Eric.

—Es cierto.

—Hay un momento en que las antorchas que van junto al río parecen formar un gallo.

—¿Un gallo?

—El gallo portugués que tienes en tu escritorio: la primera curva forma las plumas de la cola, la segunda, el cuerpo y la tercera, la cresta —explicó el pequeño.

—Mmm… no sé… quizá con un poco de imaginación…

—Yo lo veo muy claro.

—…

—…

—A ese grupito de allá lejos le veo forma de araña o escarabajo —dijo Santiago señalando hacia unas antorchas que caminaban sobre la planicie.

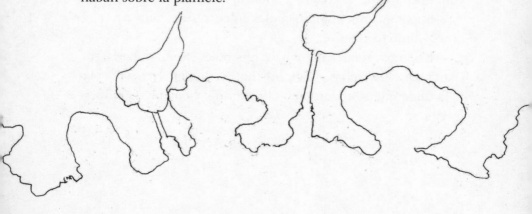

—El escarabajo gigante del desierto... —murmuró Eric pensativo, saboreando la frase. Como si la oración estuviera formada de chocolate derretido, en lugar de sonidos y silencios—. Me gusta, creo que deberíamos dibujarla.

Entonces, Santiago sacó el cuaderno de la mochila y comenzó a trazar el mapa de aquella efímera constelación. Después

del escarabajo —sobre el desierto, no sobre el cielo— apareció un caballo y un cometa, y una canoa y un diablo. Estuvieron despiertos aún un buen rato. Tanto tiempo estuvieron allí que lograron inventarse unas diez o doce constelaciones desérticas.

Los huicholes comenzaron a ser cada vez menos y el intervalo entre avión y avión se hizo más largo. La noche se expandió mojándolo todo, y entonces ni antorchas ni focos rojos o blancos tintineando. Tan sólo silencio y estrellas y una fogata a punto de apagarse. Entonces, por fin, padre e hijo entraron en la casa de campaña.

Santiago se durmió tras poner su cabeza sobre la mochila; sin embargo, Eric tardó una eternidad en conciliar el sueño. De hecho, nunca estuvo seguro de haberse dormido. Si lo hizo fue acaso con un sueño ligero, delgado, apenas del grueso de la cáscara de una mandarina.

El insomnio es un generador de interrogantes. Una noche cualquiera no te puedes dormir y, sin saber por qué, aparece en tu mente el recuerdo de una manzana. Redonda y roja (o amarilla) como todas las manzanas. Una manzana que de pronto comienza a circular por los engranes del insomnio, y así, de pensamiento en pensamiento, de imagen en imagen, la inocente fruta acaba por convertirse en varias preguntas fundamentales: ¿quién soy yo?, ¿qué hago aquí en el mundo?, ¿hacia dónde voy?

Esa noche, en la mente de Eric se formó toda una colección de dudas. Durante la madrugada se preguntó cosas acerca de su madre, de su abuelo, de las historias que alguna vez escribió Santiago y hasta de lo que significaría recorrer el desierto de noche, iluminando el camino con una antorcha.

Ya se dijo: extraño mecanismo es el insomnio.

Cuando salió el sol, Eric tenía quince preguntas nuevas y una certeza. Las preguntas pueden esperar —e incluso, quizá, no sea este libro el sitio para responderlas—, la certeza, sin embargo, era contundente: los salmones nadan a contracorriente porque vienen del futuro a darnos un mensaje que nadie ha podido descifrar.

Desmontaron la tienda de campaña, compartieron una barra de chocolate como desayuno, y mientras dispersaban las cenizas de la fogata, Eric echó un vistazo, primero al valle y después a la vereda que corría junto al riachuelo, y descubrió que no quedaba la más mínima señal del paso de los huicholes.

—Ni sus huellas dejaron —dijo Eric.

—A veces creo que los huicholes no son de este mundo.

—Tal vez sean fantasmas…

—Y flotan en lugar de caminar —completó Santiago la idea.

Después subieron a la motocicleta y reanudaron el recorrido, aún los separaban más de ochocientos kilómetros del abuelo. Había que darse prisa, y había, también, que desayunar.

Avanzaron casi una hora sin encontrar un lugar en donde comer algo. La carretera cruzaba la Sierra Madre Occidental, por lo que las posibilidades de hallar siquiera un puesto de comida eran muy remotas.

—Creo que ahora de verdad sí me comería una lagartija —dijo Eric.

—Hay que tener cuidado con lo que se desea porque en una de ésas se te puede volver realidad.

—¿Y qué? —protestó el pequeño—. Yo nunca he entendido muy bien esa frase. No le vería nada de malo a que el deseo de tener una pista de hielo se me cumpliera.

—Hay un relato buenísimo que trata ese asunto. Se llama *La pata de mono*. Léelo y luego me dices.

—Me gustaría más leer un cuento tuyo —propuso Eric a quemarropa, dejando a su padre, literalmente, sin palabras.

—…

—Nunca me has enseñado tus historias.

—Las quemé.

—Tal vez si volvieras a ser escritor dejarías de soñar con engrapadoras gigantes —dijo Eric.

—…

—…

—Además me gusta mucho ser guardabosques.

—Se puede ser guardabosques y escritor.

—…

—Se puede ser piloto y escritor, se puede ser doctor y escritor, hasta se puede ser preso y escritor. En la escuela nos contaron que el Quijote comenzó a escribir en la cárcel.

—…

—…

—Ya te he dicho que se me acabaron las historias.

—Eso no es cierto: siempre estás contándome cosas.

—No es lo mismo inventar tonterías que escribir en serio.

—Pues a mí me gusta mucho lo que me cuentas… Podrías escribir una historia sobre la peregrinación de los huicholes.

—¿Y qué podría contar?

—Que con sus antorchas formaban constelaciones en el desierto.

—Eso no tiene gracia. Sería aburrido.

—…

—…

—Podrías escribir que un padre y un hijo miran una peregrinación desde una loma, todo el tiempo creen que son los huicholes, pero en realidad son guerreros del planeta Orco que vienen a invadir la Tierra…

—… y al salir de una curva el padre y el hijo se encuentran con los orcos, que les tienden una trampa y los cocinan a la leña —propuso el motociclista con una voz falsamente tenebrosa.

—¡Allí está, Santiago! ¡Ya tienes con qué empezar! —exclamó Eric.

—Yo creo que J. K. Rowling mataría por una historia así.

Un rato después, al salir de una curva, encontraron una pequeña cabaña a la orilla del camino. Tenía toda la pinta de ser un típico restaurante de carretera; sin embargo, al acercarse más, pudieron leer un letrero que decía "Cámaras Luigi". Eric y Santiago bajaron de la motocicleta con la intención de preguntarle al tal Luigi en dónde podrían encontrar un sitio para desayunar.

Entraron a la cabaña. Decenas de cámaras de llanta adornaban su interior. Casi todas eran negras, pero había también cámaras verdes, rojas, azules e incluso una que simulaba los colores de una serpiente coralillo. También, empotrado en la pared, había un aparador repleto de resortes diminutos, lentes de todos tamaños, cubitos de flash de los años setenta y diversas piezas de plástico.

En el fondo del local había un mostrador, tras el mostrador, un hombre y en el hombre, una gran sonrisa.

—Buenos días… —saludó Santiago, pero antes de poder formular su pregunta fue interrumpido por las palabras del encargado.

—Buenos días, ¿cámara fotográfica o de llanta?

—¿Perdón?

—En este lugar arreglamos cámaras, por eso quiero saber de qué tipo es su cámara descompuesta.

—Pero nosotros sólo…

—Al principio únicamente arreglábamos cámaras de llanta, pero era muy triste ver la cara de decepción de quienes llegaban hasta acá con la intención de reparar sus cámaras fotográficas —comenzó el hombre con su larga explicación—. Imagínense: recorrer kilómetros y kilómetros y kilómetros hasta el fondo de la Sierra Madre para descubrir que se habían equivocado de sitio, que su viaje no había servido para nada. Por eso tuvimos que diversificar el negocio y comenzamos también a reparar aparatos fotográficos… Entonces: ¿fotográfica o de llanta?

—Lo que queremos es desayunar —respondió Eric.

—*Accidenti!* Lamento decirles que han viajado al lugar equivocado.

—¿Habrá un sitio cerca para comer?

—Me temo que no. Veinte kilómetros en dirección a San Luis había un restaurante muy agradable, pero al ver el éxito de mi negocio *il rompe scatole* del dueño cambió el giro y ahora también arregla cámaras.

—¿Dos reparadoras de cámaras en plena sierra?

—¿Dos? Existen por lo menos doce negocios como el mío, aunque a decir verdad ninguno se acerca a mis estándares de excelencia.

—Yo tengo una cámara, pero no está descompuesta —dijo Eric mientras le entregaba su cámara al extraño personaje—. Mire qué fotografías tan bonitas le tomé ayer a un coche abandonado.

—Me alegro por ti, pero aquí lo que se necesitan son cámaras descompuestas. Si no, ¿de qué íbamos a vivir los camareros? —dijo el hombre mientras miraba en la pantallita las fotografías del Dodge o del Impala o de lo que fuera.

—Pensé que los camareros se encargaban de servir las mesas —repuso Santiago.

—Usted lo ha dicho, mesas: eme, e, ese, a, ese: mesas. Por eso se les debe llamar meseros. Nosotros arreglamos cámaras: ce, a, acento, eme, a, ere, a, ese: cámaras; por lo tanto, somos camareros —explicó el hombre sin dejar de mirar las imágenes.

—Mientras yo tomaba las fotos, Santiago se enamoraba de una mesera.

—¡Eric, por favor, no seas impertinente!

—Bonitas fotos las del Chrysler del año 58, yo tuve uno idéntico cuando llegué de Italia —explicó el camarero.

—¿Usted es italiano? —preguntó el pequeño.

—Así es. Toscano para mayores señas.

—¿Y qué hace un toscano en la Sierra Madre Occidental? —intervino ahora Santiago.

—Ya se los dije: soy camarero. Arreglo cámaras de llantas y cámaras fotográficas… Bueno, y también soy huichol por adopción.

—Ayer vimos a los huicholes, venían del desierto —comentó Eric.

—Es la época de las peregrinaciones a Wirikuta. Viajan tres o cuatro días sin decir ni una sola palabra. *Madonna!* Es algo muy impresionante —comenzó a explicar el italiano—. Yo hice dos peregrinaciones: la primera con los ojos tapados y en la segunda ya pude ver. Junto a mí iban dos niños de tu edad, también con vendas en los ojos.

—¿Y eso por qué?

—Porque tu primer viaje a Wirikuta debe realizarse en completa oscuridad y silencio —aclaró el camarero.

—Yo creo que tú podrías aguantar muy bien la oscuridad, pero el silencio se te complicaría mucho —le dijo Santiago a su hijo.

—Para mí también fue muy difícil. Es más sencillo encontrar la raíz cuadrada de 4321 que mantener callado a un italiano.

—Sólo tengo una pregunta —intervino Santiago sin poder aguantar por más tiempo la duda que lo atormentaba—: ¿Por qué dice que es huichol, si nació en la Toscana?

—Yo siempre he creído que uno pertenece a la tierra donde ha sido feliz, y yo fui el hombre más feliz del mundo en Wirikuta. Nunca olvidaré el momento en que contemplé al venado azul. Ese día comprendí que no es tan grande la barrera que separa la realidad y el más allá. Los huicholes me enseñaron que el otro lado no se encuentra tan lejos como parece.

—¡Yo quiero ser huichol! —anunció Eric, emocionado.

—¡Pues entonces ya eres huichol! —exclamó Luigi.

—Huichol hambriento, pero huichol al fin —completó el pequeño.

—¡Eric, por favor, no seas pesado! —lo regañó Santiago.

—*Ma dai!* ¡La grosería ha sido mía! Deben estar muriéndose de hambre y yo distrayéndolos con mis historias. Puedo ofrecerles huevos revueltos con jamón y café con leche.

Y entonces, por un rato, Luigi se convirtió en un camarero tradicional, de ésos que nada tienen que ver con cámaras, ni fotográficas ni de llanta.

Sobre el techo del local, Luigi había construido una cabaña. Todo era pequeño, pero acogedor. Uno de los muros era en realidad un ventanal desde el que se podía contemplar el esplendor de la sierra.

Las paredes no tenían ningún adorno, con la excepción de un rombo de estambre, formado por quince o veinte hilos de distintos colores, del que surgían otros cuatro rombos más pequeños. Aquella explosión de luz y movimiento llamó la atención de los recién llegados.

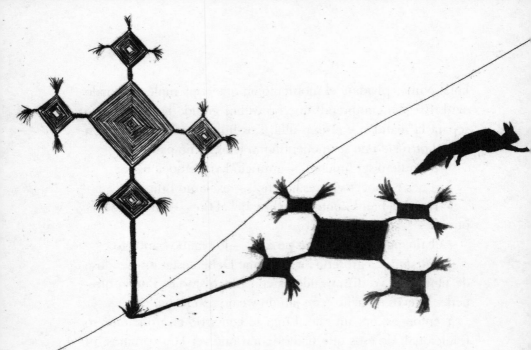

—Es un ojo de dios, lo tejieron para mí en Tuapurie —explicó el italiano.

—Siempre me han impresionado los tejidos huicholes. El ojo de dios me recuerda a *El Aleph*, un cuento de Jorge Luis Borges —comenzó a explicar Santiago—. El aleph es un objeto que encierra en sí mismo todas las cosas del mundo.

—¿Todas las cosas? —preguntó Eric, sorprendido por el alcance de aquel prodigio.

—Así es, cualquier objeto, sentimiento, olor o sabor que te imagines cabe dentro de un aleph —le respondió Santiago.

—Seguro que los aleph deben ser muy grandes —dijo Eric.

—No, el del cuento de Borges cabía muy bien debajo de una escalera.

—Santiago sabe muchas cosas porque es escritor —le explicó el pequeño a Luigi, quien seguía la conversación de sus invitados con mucho interés.

—*Madonna!* ¡Un escritor en casa! Esto hay que festejarlo con un brindis. No todos los días se tiene la oportunidad de conversar con un artesano de la palabra, con un intérprete del alma humana, con un hacedor de universos...

—No es para tanto, hace tiempo que no escribo —le explicó Santiago, un poco incómodo, pero el italiano lo ignoró y, mientras revolvía la cabaña en busca de alguna botella, continuó su cascada de palabras.

—... con un centinela de los sentimientos, con un amigo de la verdad, con un descendiente de Homero, con un inventor de nuevos colores, con un orfebre de lo que no existe...

Un buen rato estuvo el italiano enumerando extraños calificativos para el oficio de escritor. Tanto tiempo pasó que Eric y Santiago llegaron a la conclusión de que Luigi era un aleph de carne y hueso, y que en su boca cabían todas las palabras del diccionario.

Al final, el italiano no encontró la botella y el brindis tuvo que hacerse con un jugo de arándano que tenía —hay que decirlo— un cierto regusto a huevos con jamón.

—¿Cómo es la peregrinación a Wirikuta? —preguntó Eric al final del desayuno, mientras su padre y Luigi disfrutaban de una tacita de café expreso.

—Áspera, azul y linda.

Y aquí no hubo bombardeo de frases. Al contrario. Tres sencillas palabras le bastaron al italiano para dar una idea de lo que había significado aquel viaje.

Los tres se quedaron observando por el ventanal a una ardilla que, desde un árbol cercano, se dedicaba a acechar a su sombra proyectada sobre la hierba. Daba la impresión de que la ardilla real disfrutaba mucho aquel juego, mientras que la ardilla de oscuridad tenía cosas más importantes en qué pensar.

—¿De qué lado de la sombra nos estaremos moviendo? —preguntó Luigi sabiendo muy bien que ni Eric ni Santiago habrían de contestarle, porque la suya había sido una de esas preguntas que jamás deben responderse. Preguntas que nacen para provocar más preguntas.

Se hizo un silencio de sombra alargada. Pesado y refrescante como un carbón congelado.

Pasado un tiempo, Luigi comenzó a contar los detalles de su viaje a Wirikuta. Les explicó que el desierto es como el escenario de un sueño lleno de trampas y recovecos. Les contó que después de horas y horas de caminata se llega a la puerta donde chocan las nubes; les habló de los manantiales sagrados y de que en el segundo día de la peregrinación se llega a Wakirikitema, en donde se debe pedir permiso a los dioses para entrar a Wirikuta, y que a partir de allí se debe estar muy atento, porque en cualquier momento puede surgir el venado azul.

—¿Cómo es el venado azul? —preguntó Eric.

—Es diferente para cada quien. Lo único que puedo asegurarte es que, llegado el momento, sabrás reconocerlo.

Montaron en la motocicleta. Cuando Santiago dio el acelerón para encender el motor, Luigi salió corriendo de la cabaña agitando algo en la mano.

—Un regalo de un huichol para otro huichol —le dijo a Eric y le entregó un ojo de dios.

Éste era más pequeño que el que adornaba su habitación, tenía forma hexagonal y estaba tejido con hilos de cuatro colores: violeta, rojo, naranja y azul.

—¡Muchas gracias! Lo colgaré en la sala de la casa —respondió el pequeño, emocionado.

—Tal vez con el paso del tiempo se convierta en un aleph…, uno nunca sabe —sugirió el italiano guiñando un ojo, se dieron un abrazo con motocicleta de por medio, y entonces Eric y Santiago reanudaron su camino.

Nadie lo vio, pero en un árbol cercano una sombra se liberó para siempre de su ardilla.

Se perdió bosque adentro. Siempre rumbo al norte. Rumbo a Yellowstone.

—Avísame, por favor, cuando hayamos recorrido cien kilómetros a partir de aquí —le pidió Eric a su padre. Habían dejado atrás la Sierra Madre y ahora circulaban por una autopista.

—¿Cien kilómetros? ¿Para qué quieres saberlo?

—Voy a ponerme un pañuelo en los ojos durante cien kilómetros para ver qué sienten los huicholes al viajar en la oscuridad.

—Te perderás el paisaje.

—Iré imaginando las curvas, los montes, las puertas donde chocan las nubes…

—No creo que la autopista de occidente cruce por muchas puertas hacia otras dimensiones —anunció Santiago.

—¿Estás seguro? Dijiste que haríamos el viaje en moto porque tenías muchas cosas que pensar.

—…

—A lo mejor esas nuevas ideas te ayudan a cruzar algunas puertas dentro de ti —propuso Eric mientras, con muchos trabajos, se intentaba colocar un pañuelo alrededor de los ojos.

Padre e hijo se mantuvieron en silencio por un rato.

Eric trataba de acostumbrarse a su nueva condición de oscuridad, mientras que Santiago le daba vueltas a las últimas palabras del pequeño. Sucedía muy a menudo que la inocente sabiduría de su hijo lo conducía hacia un magnífico territorio donde siempre se encontraba con ideas inexploradas.

Frente a los ojos de Santiago surgió una enorme recta de varios kilómetros justo en el instante en que comprendió que su hijo, una vez más, tenía razón: de algún modo, durante el viaje, habían estado cruzando muchas puertas imaginarias. Algunas individuales y algunas compartidas.

—Ahora que lo pienso puede que Luigi tenga razón —dijo Santiago dejando la frase inconclusa.

—...

—Tal vez sea cierto que en realidad eres un huichol.

—...

—Un sabio huichol de apenas doce años.

—...

—Un sabio y loco huichol que irá escuchando su iPod durante sus cien kilómetros de oscuridad.

—Creo que voy a poner a Los Chicos de la Tienda de Mascotas, ¿cómo ves? —preguntó el pequeño rompiendo el ritmo de las reflexiones de su padre.

—Me parece una excelente elección, señor huichol: con ese fondo musical no tardará en encontrarse con el venado azul —bromeó Santiago.

—Pues muy bien… allá vamos… Cinco… cuatro… tres… dos… uno… ¡Ya no veo ni te escucho! —gritó Eric antes de internarse en una alegre oscuridad.

—¿Me escuchas, Eric? —preguntó Santiago después de un rato. De vez en cuando lo oía tararear alguna de las canciones de los Pet Shop Boys, pero quería estar seguro de que su hijo no le prestaba atención.

—…

—Debo confesarte que hay un aleph oculto en la alacena de la casa.

—…

—También debo decirte que tengo un ejemplar de *Los osos hibernan soñando que son lagartijas* que se salvó de la destrucción, ¿quieres que te diga dónde está? —preguntó el motociclista para desafiar la curiosidad de su hijo, pero como respuesta tan sólo recibió un horrible tarareo.

—…

—Quiero (no) decirte que descubrí que al final todo se reduce a un viaje —comenzó a hablar Santiago cuando estuvo seguro de que su hijo no lo estaba escuchando—. Puede ser que el destino te conduzca a un pueblo con una gran iglesia, al centro mismo del desierto o al lecho de tu abuelo moribundo. El caso es que algún día llega el viaje que te hace comprender las cosas de otra manera... La costumbre que tienen los huicholes de quitarse el pañuelo de los ojos cuando llegan a Wirikuta me parece un símbolo muy hermoso. Es como darle una nueva oportunidad a la mirada para encontrarse con las cosas que valen la pena... cerrar los ojos para reinventar de nuevo los colores... Dentro de noventa y seis kilómetros te vas a quitar el pañuelo de los ojos, al principio vas a deslumbrarte y verás todo naranja y amarillo, pero conforme te vayas acostumbrando a la luz descubrirás que hay nuevos colores flotando a tu alrededor: el rojo será más encendido, el negro, menos aterrador y puede que, incluso, tu tristeza sea menos amarilla y tu felicidad, más verde. Eric, quiero que sepas que yo no soy huichol, pero algunas veces en el pasado logré sentir la presencia del venado azul: lo he vislumbrado en el fondo de los ojos de tu madre, o cuando en Cahuisori nos recostamos sobre la hierba a dibujar constelaciones, o las veces que lograba escribir alguna página que me hacía sentir feliz; pero un día, y lo peor es que no sé muy bien por qué, me puse un pañuelo ante los ojos y comencé a perder de vista muchas cosas... Trabajo en el bosque, en medio de una tormenta de colores; sin embargo, comencé a verlo todo en blanco y negro: los árboles, los arroyos, las nubes, con decirte que a Kale, el perro güero del vecino, lo veía gris. Más que un labrador me llegó a parecer una rata gigante. Y entonces apareció este viaje que me ha ayudado a renovar mi mirada. Como si fuera un huichol en su primera peregrinación a Wirikuta. También para mí está cambiando la realidad, porque de nuevo vuelvo a encontrarle color a las cosas, tal y como si las viera a través de un ojo de dios. El brillo de las flores me sorprende de nuevo, y ya no recordaba lo verde que eran los pinos, o el rojo brillante de las latas de Coca-Cola, pero sin duda hay un descubrimiento que le gana a todos los demás. ¿Quieres saber cuál es?

—...

—Que empiezo a creer que las meseras del Dodge del 67 son las más bonitas del mundo.

No hubo ni respuestas ni tarareos, tan sólo el poderoso runrún de la motocicleta parecía festejar el feliz descubrimiento de Santiago.

—¿Cabe un samurái dentro de un aleph? —preguntó Eric de pronto y sin venir a cuento, retirándose los audífonos de las orejas. Acababan de cruzar por un largo puente situado sobre una cañada y tres zopilotes volaban en círculos sobre sus cabezas.

—Sí cabe —respondió Santiago.

—¿Y la colección entera de discos de Los Chicos de la Tienda de Mascotas?

—También.

—¿Y la caca de paloma que mancha la estatua de un sabio en Turín?

—Sí.

—¿Y la República Democrática del Congo?

—Claro, en un aleph cabe la República Democrática del Congo, todos los países con que hace frontera, además de los leones y elefantes que pasean por sus selvas.

—¿Y las ciudades perdidas en las profundidades de la tierra?

—Así es.

—¿Y las pistas de hielo?

—Sí.

—¿Y todos los coches abandonados en los desiertos del mundo?

—Sí.

—¿Y las meseras guapas?

—También están allí —respondió Santiago sin perder la calma—, pero no sólo las guapas, también caben dentro de un aleph las feas y las que están más o menos.

—¿Y el aire que todavía no entra en las cámaras de llanta de Luigi?

—Así es, porque hasta lo que aún no existe cabe dentro de un aleph.

—¿Cabe un aleph dentro de otro aleph?

—Supongo que sí, aunque esa sería una pregunta que me gustaría hacerle a Borges. A final de cuentas, él era un especialista en la resolución de prodigios.

—Yo de grande también quiero ser experto en alephs.

—Llevas uno en la mochila, me parece que es un buen comienzo —dijo Santiago y se inclinó hacia la izquierda porque acababan de entrar en una curva pronunciada.

Era sábado. Cuando entraron en el pequeño hospital del reclusorio el reloj de la recepción marcaba las 4:58 de la tarde. Una señorita miraba aburrida hacia la pantalla de su computadora.

—Venimos a ver al señor Lucas Tort, cama 24 —dijo Santiago.

—¿Son familiares?

—Lucas es mi abuelo, papá de mi papá —anunció Eric.

—Déjenme ver —respondió la señorita y regresó la mirada al monitor mientras tecleaba los datos.

Fue claro que la pantalla le devolvió una información que no esperaba.

—Lucas Tort… cama 24… —repitió para ganar tiempo y volvió a introducir los datos en la computadora.

Se hizo un silencio espeso, descuidado, torpe. Un silencio que se movía con dificultad entre las paredes color verde agua del hospital.

—…

—…

—…

—Lamento informarle que su padre murió el jueves a la me-
dianoche —anunció al cabo de un rato la recepcionista. Se le
notaba genuinamente conmovida.

—Debe haber sido poco después de que hablé con él —dijo
Santiago para sí mismo. Fue una respuesta rápida. Sin pensar.
Como si hubiera un juego cruel que obligara, a quien le acaban
de informar que su padre murió, a decir lo primero que le ven-
ga a la cabeza.

—...

—...

—...

—Aquí dice que se le intentó avisar a un teléfono en Chihua-
hua, pero nadie respondió.

—Veníamos en camino —dijo Eric.

—Hicimos un muy largo viaje —completó Santiago.

El domingo, al mediodía, después de pasar la noche en un hotel, Eric y Santiago recibieron una cajita cuadrada y circunspecta. Adentro se encontraban las cenizas de Lucas. Como saldrían de regreso a Cahuisori hasta la mañana siguiente, decidieron perder las horas del domingo caminando sin rumbo por las calles del centro de la ciudad.

—Parece arena de mar —dijo el pequeño asomándose al interior del recipiente.

—...

—...

—Yo le veo forma de caracoles diminutos —anunció Santiago después de un rato.

—¿Y qué vamos a hacer con ellas?

—No sé. La trabajadora social dijo que tu abuelo no dejó ninguna petición.

—Muchos piden que lancen sus cenizas al mar.

—Creo que tu abuelo no era de ésos.

—¿Si las dejamos en una iglesia?

—Tampoco. Sólo una vez lo vi pisar una iglesia, ya te lo había contado.

—¿Me lo contaste? ¿Cuándo? Hasta hace unos días lo único que sabía del abuelo era la tonta historia del circo.

—No me hagas caso, tengo la cabeza muy revuelta —respondió Santiago con voz temblorosa, producto de la alarma. Había estado a punto de echarlo todo a perder. Respiró hondo dos o tres veces y después comenzó a secarse la frente con un pañuelo. Su equivocación le había provocado una cascada de sudores varios.

Eric nada dijo, únicamente se limitó a fruncir el ceño con gesto perspicaz.

—¿Quieres un helado? —preguntó Santiago, dos o tres calles adelante, cuando por fin pudo recuperar la tranquilidad.

El pequeño asintió casi de manera imperceptible porque su pensamiento estaba en otra parte. Varias dudas comenzaban a formar fila en su cabeza. Entre ellas estaba el destino que habría de tener la urna que ahora cargaba contra su pecho.

Santiago y Eric se sentaron en una banca de la Alameda para disfrutar su helado. La cajita descansaba junto a ellos.

—¿Y si las lanzamos desde lo alto de la Torre Latino? —propuso Eric.

—Está prohibido.

—¿Por qué?

—Porque a mucha gente le gustaría que lanzaran sus cenizas desde allí y no sería agradable para quienes caminan por la calle.

—…

—…

—A mí me gustaría que mis cenizas las desparramaran sobre una pista de hielo —anunció el pequeño en un tono reflexivo.

—Por suerte ya estaré muerto y no veré esa locura.

—Ni yo tampoco, seré nieve y cenizas y una malteada de fresa que alguien tiró sobre la pista —dijo Eric, ilusionado.

El motociclista iba a decir algo, pero en el último momento se arrepintió y se limitó a saborear su helado.

—…

—¡Ándale, Santiago! Te estás muriendo por decir qué te gustaría que hicieran con tus cenizas —le exigió el pequeño a su padre.

—…

—¿No me lo vas a contar?

—Está bien, está bien —concedió el hombre—. Me gustaría que las lanzaras a un arroyo surcado por salmones que vuelven al recodo en que nacieron. Convertirme un poco en río y en salmón y en oso y hasta en la lagartija de los sueños.

—Tengo una idea —dijo Eric dándole la última chupada a su helado de limón—. No sabemos lo que le hubiera gustado al abuelo, pero sabemos lo que nos gustaría a nosotros.

—No te entiendo.

—Muy fácil: a ti te gusta el río, a mí la pista de hielo. Saquemos una moneda y que la suerte decida —dijo el pequeño y, sin esperar la respuesta de su padre, lanzó una moneda al aire.

—Águila —pidió Santiago, resignado.

—¡Sol! —gritó Eric.

La moneda dio varios trompicones sobre el suelo antes de mostrar su rostro. Giró y giró y giró y al final cayó águila.

Salieron de regreso a casa de madrugada. Eric le pidió a su padre que le dejara cargar en su mochila la urna de don Lucas.

Hacía frío y aún no salía el sol.

El pequeño se recostó ligeramente sobre la espalda de Santiago y cerró los ojos. Posiblemente fue el runrún de la motocicleta lo que lo proyectó hacia un breve sueño a ochenta kilómetros por hora y con el viento de frente.

Nunca lo podremos saber.

Despertó, o simplemente abrió los ojos, cuando ya se encontraban en la carretera.

—¿Recuerdas un río que vimos bajando la sierra, cerca de una montaña roja? —preguntó Santiago.

—Sí, parecía un paisaje marciano.

—Creo que estaría bien que allí descansara tu abuelo.

—Es un lugar lindo —aceptó Eric.

—Y así recordaremos a mi padre cada vez que, buscando constelaciones, nos encontremos con Marte.

Entonces comenzó el amanecer.

—¿Vas a escuchar tu iPod? —preguntó Santiago unos kilómetros más adelante. Le sorprendía que Eric se mostrara tan callado.

—Creo que no —respondió el pequeño con seriedad.

—Podrías poner algo de Simply Red, el color del cielo sería un buen pretexto para escucharlos —propuso el motociclista.

—…

—Bueno, si no te convence Simplemente Rojo, por qué no escuchas algo de…

—Me olvidé de cargar el iPod —anunció el pequeño sin dejar a su padre terminar la frase.

—Lo podrías haber cargado en el hotel.

—En realidad, desde que salimos de Cahuisori el iPod no ha funcionado. Nunca tuvo pila.

—Entonces, ¿lo has escuchado todo?

—Sí, Santiago.

—…

—…

—…

—Al principio lo hice por jugar —comenzó a explicar Eric—, después me ganó la curiosidad… pasó el tiempo, y cuando te empezaste a poner más serio no supe cómo interrumpirte.

Entonces se formó un nuevo silencio.

Un silencio de 1935 metros de largo.

En un silencio de aquellas dimensiones bien podría caber un pueblo chico o una presa. Incluso una novela que transcurriera a través de un único renglón interminable. Un renglón alargado como un arroyo de palabras, con todo y sus salmones nadando a contracorriente, con rápidos y rocas puntiagudas, con recodos de sombra agradable para que los paseantes se sienten a leer, a mirar el río.

Durante aquellos casi dos kilómetros de silencio, la motocicleta continuó con su comportamiento habitual: se inclinaba en las curvas, se mostraba digna y elegante en las rectas, y su mirada se mantenía atenta a la carretera. Permanecía ajena a lo que les sucedía a sus pasajeros.

Era, sin duda, una buena motocicleta.

—¡Qué se le va a hacer! —exclamó Santiago, y después lanzó una larga exhalación; era claro que se había librado de una carga muy pesada.

—¿Me perdonas? —preguntó Eric.

—No hay nada qué perdonar. En realidad todas las palabras eran tuyas, eran verdades que te pertenecían desde hacía tiempo.

—¿Ya ves? Siempre dices cosas muy bonitas. Si tú no escribes el libro, entonces lo haré yo.

—¿Qué te parece si lo escribimos juntos?

—¡Trato hecho! —exclamó el pequeño.

—¿De qué lo prefieres, de orcos o piratas?

—Mejor de salmones que vienen del futuro.

—Me gusta —respondió Santiago asintiendo levemente.

—La historia podría comenzar con una motocicleta que llega a un pueblito que se llama Dodge del 67 —propuso Eric.

—Y allí vive una linda mesera que sirve deliciosas lagartijas de colores.

—*Madonna!* ¡Otra vez las lagartijas!

—Si no te gustan las lagartijas podemos cambiarlas por chapulines, o por gusanos de maguey, o por zorrillos…

—Cinco, cuatro, tres, dos, uno, ¡cero! Ya no te escucho, Santiago —dijo Eric fingiendo desesperación y se puso a tararear una horrible melodía de Suministro de Aire o de Air Suply… en fin, poco importa de quién era la canción.

Los osos hibernan soñando que son lagartijas,
de Juan Carlos Quezadas,
número 224 de la colección A la Orilla del Viento,
se terminó de imprimir y encuadernar en abril de 2017
en Impresora y Encuadernadora Progreso, S. A. de C. V. (IEPSA),
calzada San Lorenzo, 244; 09830 Ciudad de México.

El tiraje fue de 4 000 ejemplares.